ANALISI DEL LIBRO

AF142002

Il contratto sociale

. . . .

Jean-Jacques Rousseau

ANALISI DEL LIBRO

Scritto da Gabrielle Yriarte
Tradotto da Sara Rossi

Il contratto sociale

· ·

Jean-Jacques Rousseau

JEAN-JACQUES ROUSSEAU

SCRITTORE, FILOSOFO E COMPOSITORE GINEVRINO

- **Luogo e data di nascita: Ginevra, 1712**
- **Luogo e data di morte: Ermenonville (Francia),1778**
- **Opere principali:**
  - *Julie, o la nuova Heloise* (1761), romanzo epistolare
  - *Emile, o sull'educazione* (1762), trattato sull'educazione
  - *Le passeggiate del sognatore solitario* (tra il 1776 e il 1778), riflessione filosofica

Jean-Jacques Rousseau è stato uno dei più celebri pensatori dell'Illuminismo e uno dei padri spirituali della Rivoluzione francese. Nato a Ginevra nel 1712, ebbe una giovinezza movimentata, durante la quale esercitò diverse professioni come precettore privato e copista. A Parigi strinse amicizia con i filosofi dell'Illuminismo e divenne famoso nel 1750 con il *"Discorso sulle arti e sulle scienze"*. In quest'opera sviluppò quello che sarebbe diventato il tema centrale delle sue riflessioni: l'uomo nasce naturalmente buono e felice, ma viene corrotto e reso infelice dalla società. Seguono opere importanti come *"Il contratto sociale"* (1762) ed *"Emile, o sull'educazione"* (1762). Questi testi furono considerati sovversivi e presto condannati e messi al bando. Rousseau fu, quindi, costretto a una serie di esili, che lo avrebbero tenuto lontano dalla Francia fino al 1769. Afflitto da sentimenti di persecuzione, dedicò l'ultima parte della sua vita a opere autobiografiche: Le *"Confessioni di Jean-Jacques Rousseau"* (scritte tra il 1765 e il 1767) e *"Le passeggiate del sognatore solitario"* (scritte tra il 1776 e il 1778). Morì in isolamento nel 1778.

IL CONTRATTO SOCIALE

SOCIETÀ E POLITICA SECONDO UN FILOSOFO ILLUMINISTA

- **Genere:** saggio

- **Edizione di riferimento:** Rousseau, J.-J. (2003) *Il contratto sociale*. Trans. Cole, G. D. H. New York, Dover Publications, Inc.

- **Prima edizione:** 1762

- **Temi:** collettivismo, società, uguaglianza, libertà, cittadinanza, Stato

"Il Contratto sociale", pubblicato nel 1762, costituisce il culmine del pensiero politico di Rousseau. L'autore riprende le teorie espresse in precedenza (la natura umana è corrotta; la civiltà è la causa della disuguaglianza) ed esamina le condizioni di libertà nella società civile. Per riconquistare la libertà perduta, l'individuo deve rinunciare al suo interesse particolare a vantaggio di quello pubblico, accettando un contratto sociale con i propri concittadini. Quando agisce politicamente, il cittadino deve essere guidato da principi universali.

Accolta in modo irregolare e censurata nel 1762, l'opera fu molto apprezzata dai rivoluzionari, che vi videro la teorizzazione della sovranità del popolo. Fu un modello per molti pensatori giuridici e ispirò il pensiero marxista.

SINTESI

LIBRO I

Capitoli 1-4

L'ordine sociale è legittimo se si basa su una prima convenzione. La famiglia, il diritto del più forte e la schiavitù sono tre falsi accordi che non possono servire da modello per una società legittima.

Capitoli 5-9

La prima convenzione deve essere unanime. L'individuo rinuncia alla sua forza individuale per il bene della comunità. Questo atto, che produce il corpo morale collettivo che Rousseau chiama "Sovrano", si basa sull'impegno di ciascuno verso tutti e di tutti verso ciascuno. Una volta istituito, il Sovrano si impegna solo con sé stesso, poiché è composto da tutti gli individui che riconoscono la sua autorità. Se alcuni membri della società cercano di danneggiarlo, sarà necessario fare pressione su di loro e costringerli a essere liberi. La società civile (intesa come società risultante dal contratto sociale, che rende il popolo sovrano) porta alla moralità, ai diritti e alla libertà civile, che è superiore alla libertà naturale.

LIBRO II

Capitoli 1-3

La volontà generale si esprime quando tutti i cittadini partecipano alle decisioni e solo questa può orientare lo Stato secondo il bene comune. Smette di essere generale quando l'interesse privato prevale sull'interesse comune.

Capitoli 4-5

Il patto sociale conferisce al corpo politico il potere di esigere tutti i servizi possibili dai suoi membri, ma non di "imporre ai suoi sudditi catene inutili alla comunità" (p. 19) o di decidere su qualcosa in particolare. Può, tuttavia, richiedere la morte di un membro che agisce come nemico.

Capitoli 6-11

La legge dà vita al corpo sociale. Il legislatore non deve avere legami con il Sovrano (il corpo dei cittadini in quanto attivi) e nemmeno con lo Stato (il corpo dei cittadini in quanto passivi). La Costituzione diventa legge solo quando viene ratificata dal popolo.

Il bene comune consiste nella libertà e nell'uguaglianza misurate a seconda delle persone coinvolte. La prima dà allo Stato la sua forza perché "ogni dipendenza particolare significa tanta forza sottratta al corpo dello Stato" (p. 34), mentre la seconda garantisce la libertà: "la libertà non può esistere senza di essa" (*ibid.*).

Capitolo 12

Le leggi fondamentali regolano il rapporto del corpo politico con sé stesso, le leggi civili riguardano il rapporto tra gli individui e la società, mentre quelle penali si occupano delle infrazioni alle altre leggi. I costumi e le opinioni sono leggi informali.

LIBRO III

Capitoli 1-2

Il corpo politico ha bisogno di un potere esecutivo che consiste in azioni particolari ed è affidato a un gruppo di magistrati. In ciascun magistrato coesistono la volontà individuale (la volontà del magistrato come individuo privato), quella comune dei magistrati (questa è la volontà di un corpo, a metà strada tra quella individuale e quella collettiva) e la volontà del popolo (la volontà generale).

Capitolo 3

La democrazia è il governo dei molti, l'aristocrazia è il governo dei pochi e la monarchia è il governo di una sola persona. Questi governi possono essere leggermente modificati e combinati tra loro. Il loro valore risiede nella capacità di adattarsi a un determinato popolo.

Capitoli 4-9

Nelle democrazie, il potere legislativo è unito a quello esecutivo: anche se non è facile farlo, il popolo deve dividere permanentemente il proprio tempo tra produzione, legislazione e attività di governo. L'aristocrazia può essere basata sull'età, elettiva o ereditaria. La monarchia è appropriata per uno Stato di grandi dimensioni.

La Costituzione deve tenere conto del fatto che la capacità economica degli Stati varia e che i governi non consumano tutti la stessa quantità di beni.

Capitoli 10-11

Tutti i governi degenerano naturalmente. La concentrazione del potere restituisce loro la forza. Spetta agli uomini dare agli Stati costituzioni che permettano loro di sopravvivere a lungo.

Capitoli 12-15

Il Sovrano agisce quando il popolo si riunisce. Uno Stato ha bisogno di riunire periodicamente il popolo. Tuttavia, quando i cittadini sono rappresentati da deputati invece di riunirsi di persona per creare una legislazione, lo Stato perde perché il potere legislativo non può essere rappresentato.

Capitoli 16-17

Poiché il contratto sociale è stato stipulato con l'obiettivo di dare la sovranità al popolo, l'autorità del potere esecutivo gli è conferita dai cittadini e il popolo non può mai cedere la sua autorità. L'azione che istituisce il governo è duplice: si tratta, innanzitutto, di una legge stabilita dal Sovrano ("il Sovrano decreta che ci sia un organo di governo istituito in questa o quella forma"), poi della promulgazione di questa legge da parte del popolo stesso. In altre parole, l'atto esecutivo di nomina del governo torna al popolo.

Capitolo 18

Il potere sovrano appartiene al popolo, ma tende a essere usurpato dal governo. Le assemblee periodiche hanno lo scopo di mantenere il patto sociale.

LIBRO IV

Capitoli 1-2

Finché un insieme di uomini viene considerato un corpo, essi sono portatori della volontà generale. Spetta al legislatore garantire che la volontà generale sia messa in discussione. Quando una legge viene presentata in assemblea, la questione non è se i cittadini la approvano, ma se è in linea con la volontà generale.

Capitolo 3

I magistrati e il principe possono essere eletti per scelta o a caso. La prima soluzione è buona in una democrazia, ma è necessario ricorrere alla scelta per le posizioni che richiedono talento.

Capitolo 4

A Roma esistevano tre assemblee: l'Assemblea Tribale, l'Assemblea Curiale e l'Assemblea Centuriata. In quest'ultima, la più importante, il sistema di voto era di tipo fiscale. Tuttavia, diversi elementi bilanciavano questa disuguaglianza costituzionale. Inoltre, poiché ogni cittadino romano era membro di una delle assemblee, l'intero popolo romano era sovrano.

Capitoli 5-7

Il Tribunat è un'autorità giudiziaria che riunisce i poteri legislativo ed esecutivo. Le dittature concentrano il governo in caso di crisi per renderlo più efficiente e per preservarlo, ma non possono legiferare. La censura è la dichiarazione dell'opinione pubblica (i costumi e i valori di una nazione).

Capitoli 8-9

I governi più antichi affidavano l'autorità suprema agli dèi. Negli Stati cattolici, la religione segue una legge diversa da quella dello Stato, creando una doppia legislazione dannosa per la società. Esistono anche religioni indifferenti allo Stato, come il cristianesimo delle origini: "questa religione [...] lascia le leggi in possesso della forza che hanno in sé, senza farvi alcuna aggiunta" (p. 94). Tuttavia, quest'ultimo atteggiamento danneggia lo Stato, perché i cristiani sono soggetti alle leggi senza difenderle. Per rendere le leggi civili il più forti possibile, è necessario stabilire una religione civile, con dogmi semplici (l'esistenza di una divinità, la felicità per i giusti, la punizione dei malfattori, ecc.) che decretino "la santità del contratto sociale e della legge" (p. 96).

CONTESTO

L'ILLUMINISMO

È il nome dato a un movimento nato in Europa nel XVIII secolo e diffusosi in Francia nella seconda metà del secolo. Influenzati da Cartesio (filosofo francese, 1596-1650) e da importanti scoperte, intellettuali come Diderot (scrittore e filosofo francese, 1713-1784), Montesquieu (scrittore e filosofo francese, 1689-1755), Rousseau e Voltaire (scrittore e filosofo francese, 1694-1778) si impegnarono a combattere gli eccessi dell'assolutismo monarchico, del fanatismo religioso e di altri oscurantismi promuovendo il razionalismo e il pensiero critico. Questo rappresentava un tentativo di comprendere il mondo attraverso la luce della ragione.

Questi *philosophes* (il nome dato agli intellettuali del Secolo dei Lumi) svilupparono una concezione dell'uomo e della società basata sulla possibilità del progresso sociale – manifestando una nuova fiducia nell'uomo, che di conseguenza deve essere educato – e sulla ricerca della felicità. Sebbene l'"*Encyclopédie*" di Diderot *(1751-1772)* abbia dato origine alla consapevolezza del movimento, tra i *philosophes* esistevano numerosi punti di vista diversi. Ad esempio, il sensualismo provocatorio di Voltaire si scontra con le tendenze egualitarie di Rousseau. Il movimento illuminista fu il terreno di coltura della Rivoluzione francese, che superò i loro piani con la sua ondata di violenza.

LE RIFLESSIONI POLITICHE DELL'ILLUMINISMO

La filosofia dell'Illuminismo è caratterizzata da un'intensa analisi sociopolitica: vengono messe in discussione le basi del diritto, del potere, della libertà, ecc. Inizialmente, i *filosofi* erano d'accordo per quanto riguarda la politica: critica dell'assolutismo, contestazione del diritto divino dei re e riflessioni su come articolare i poteri esecutivo e legislativo e i concetti di libertà e uguaglianza in una costituzione. Così, *"Lo spirito delle leggi"* (1748) di Montesquieu è la prima opera che teorizza la separazione dei poteri, senza, in realtà, difendere un particolare sistema di governo. Dal canto suo, l'*"Encyclopédie"* (voce "Autorità politica") formula il principio della libertà inalienabile dell'individuo e la necessità di porre la legge al centro di ogni autorità politica. Inoltre, pur non essendo saggi politici, anche le *"Lettere persiane"* di Montesquieu (1721) e il *"Candide"* di Voltaire (1759) hanno dato un contributo importante a questa riflessione, presentando ironicamente una visione distaccata delle istituzioni, delle idee e dei costumi europei.

LE RIFLESSIONI POLITICHE DI ROUSSEAU

Nel *"Discorso sulle arti e le scienze"* (1750) e nel *"Discorso sull'origine e i fondamenti dell'ineguaglianza tra gli uomini"* (1755), Rousseau si distingue dal pensiero politico degli altri *filosofi*. Egli dimostra che lo sviluppo del progresso tecnico ha portato alla competizione tra gli uomini, alla disuguaglianza delle condizioni sociali e alla guerra di tutti contro tutti. L'autore esprime la sua nostalgia per uno stato di natura precedente alla vita sociale. Questo stato è un'ipotesi di lavoro che rappresenta la possibilità, ormai definitivamente perduta, di una forma semplice di felicità. I due *Discorsi* sono caratterizzati da una denuncia del lusso e da una denigrazione del progresso tecnico, che hanno provocato pesanti critiche da parte degli altri *philosophes*.

L'*"Emile, o sull'educazione"* (1762) espone il punto di vista di Rousseau sull'insegnamento. Come nei *Discorsi* e ne *"Il contratto sociale"*, è necessario ripristinare l'ordine naturale che fornisce le regole per l'educazione del bambino, in modo che possa diventare un cittadino libero come quelli che dovranno legiferare nella repubblica immaginata da Rousseau.

"Julie, o la nuova Heloise" (1761) contrappone il libertinaggio alla nobiltà di sentimenti di due personaggi che si amano. La ragione e il controllo delle passioni permettono di creare una piccola società armoniosa.

ANALISI

IL PROGETTO DI ROUSSEAU

Nella prefazione, l'autore evoca "un'opera più lunga [...] da tempo abbandonata" (p. ix) da cui questo "trattatello" è tratto: sappiamo che aveva in mente uno studio completo delle istituzioni politiche. Data l'ampiezza di questo compito, alla fine preferisce trattare questo tema indirettamente in tutta la sua opera. "Il *Contratto sociale*" può, quindi, essere considerato un'eccezione, poiché il testo affronta di petto la questione dei principi della società e del diritto civile.

I Discorsi di Rousseau diedero luogo a una serie di controversie. Il *filosofo* conosceva i suoi avversari del presente e del passato e si proponeva di rispondere ad essi attraverso "*Il Contratto sociale*". Alcuni di questi, come Grozio (diplomatico e umanista olandese, 1583-1645) e Hobbes (filosofo inglese, 1588-1679) sono citati da lui in più occasioni: "Grozio nega che ogni potere umano sia stabilito a favore dei governati" (p. 2); "[questo] è anche il punto di vista di Hobbes" (p. 3). Il suo intento di giustificarsi è evidente.

Oltre a queste confutazioni di punti di vista opposti al suo, l'autore dialoga anche con il pensiero passato e contemporaneo. Tra questi, Aristotele (filosofo greco, 384-322 a.C.) e Platone (filosofo greco, 427-348 a.C.), ma anche Montesquieu in particolare, le cui idee sono spesso citate e commentate: "L'autore de '*Lo spirito delle leggi*' ha mostrato con molti esempi con quale arte il legislatore dirige la costituzione" (p. 35). Altre volte anticipa le reazioni di lettori anonimi: "Il popolo in assemblea, mi si dirà, è una mera chimera" (p. 61) e avanza argomenti provvisori. Possiamo capire che si tratta di un progetto importante per Rousseau.

Egli intraprese questo progetto anche a titolo personale, come indicano l'uso della prima persona singolare e i commenti sul proprio processo: "Ma sento che il mio cuore protesta e frena la mia penna" (p. 23); "ma tutto questo forma un nuovo soggetto che è troppo vasto per la mia limitata portata. Avrei dovuto attenermi a un ambito più limitato" (p. 97). A volte si rivolge ai suoi lettori con un tono appassionato, quasi polemico, come nel seguente passaggio: "Quanto a voi, popoli moderni, non avete schiavi, ma siete voi stessi schiavi; pagate la loro libertà con la vostra. Invano vi vantate di questa preferenza; vi trovo più vigliaccheria che umanità" (p. 66).

UNA COSTRUZIONE LOGICA

Ciò che colpisce in quest'opera è il rigore un po' laborioso della sua argomentazione logica. Come un vero *filosofo*, l'autore determina i principi del diritto civile attraverso un ragionamento razionale fatto di deduzioni e dimostrazioni. Parte dal generale per arrivare al particolare:

- Il Libro I definisce la natura contrattuale del contratto;

- Il Libro II deduce il carattere delle sue leggi;

- Il Libro III tratta dello status del potere esecutivo in relazione al potere legislativo;

- Il libro IV esamina le condizioni per un efficace funzionamento delle istituzioni.

All'interno di ciascuno di questi libri, l'ordine dei capitoli è altrettanto rigoroso. In questo modo, il primo capitolo inizia con l'esposizione dell'argomento; i capitoli 2-4 scartano le ipotesi errate; i capitoli 5-9 spiegano la necessità del contratto e ne deducono le caratteristiche essenziali della società civile.

Il quadro logico del testo è rafforzato dall'uso di formule che sottolineano il processo filosofico. Questo è costituito da domande e risposte ("Quale popolo è adatto alla legislazione? Quello che, già legato da una qualche unità di origini, di interessi o di convenzioni, non ha mai sentito il vero giogo della legge", p. 33), analogie ("Come la natura conferisce a ciascun uomo un potere assoluto su tutti i suoi membri, il patto sociale conferisce al corpo politico un potere assoluto anche su tutti i suoi membri", p. 19), transizioni ("Io sono un uomo, un uomo, un uomo", p. 19 o "Avverto il lettore che questo capitolo richiede una lettura attenta, e che non sono in grado di rendermi chiaro a coloro che rifiutano di essere attenti", p. 37) e definizioni ("Prima di parlare delle diverse forme di governo, cerchiamo di fissare il senso esatto della parola", p. 37).

Il vocabolario è spesso astratto e le osservazioni sono universali ("ogni voto deve essere contato: ogni esclusione è una violazione della generalità", p. 16) e spesso ideali oltre che imperative, come dimostra l'uso frequente di verbi modali come "deve" e "dovrebbe" ("chi ha il comando sulle leggi non dovrebbe più averlo sugli uomini", p. 26). L'autore è, infatti, interessato a ciò che dovrebbe essere (la legge) e a ciò che è (il fatto). Egli stabilisce le regole e le linee guida, che sono nell'ordine dei doveri. Come tale, in questa citazione possiamo notare questa preferenza per ciò che deve essere fatto, nonostante ciò che viene fatto: "Ma se il suo abuso è inevitabile, non dovremmo almeno fare delle regole al riguardo? Proprio perché la forza delle circostanze tende continuamente a distruggere l'uguaglianza, la forza della legislazione dovrebbe sempre tendere al suo mantenimento" (p. 34).

I TEMI CENTRALI

> *"Intendo indagare se, nell'ordinamento civile, possa esistere una regola sicura e legittima di amministrazione [...] In questa indagine mi sforzerò di unire sempre ciò che il diritto sancisce con ciò che è prescritto dall'interesse, affinché la giustizia e l'utilità non siano in nessun caso divise" (p. 1).*

Questa introduzione prefigura due dei temi centrali dell'opera, ovvero la società e il diritto. Condannato a vivere in società, l'uomo deve fare in modo di rimanervi libero, secondo la propria natura. Tuttavia, poiché la libertà individuale (incivile e animalesca) è incompatibile con la società civile, è assolutamente necessario definire una base sociale sicura e legittima, cioè che garantisca e protegga la libertà di ogni persona. Questa base non può che essere il contratto sociale, un accordo umano in cui l'individuo rinuncia ad agire con il solo scopo di soddisfare i propri bisogni individuali e riconosce che l'esistenza di un corpo sociale è la garanzia della sua libertà. Sceglie, quindi, di sottomettersi alle regole di una società di cui fa parte a pieno titolo. In questo modo, rimane libero, ma la natura della sua libertà è cambiata: è una libertà civile che garantisce i diritti di ciascuno e la sovranità di tutti. La clausola principale del contratto prevede che ciascuno rinunci alla propria volontà individuale e si sottometta a quella generale, la volontà di tutti. Per essere valido, il contratto implica che tutti i membri della società vi aderiscano all'unanimità. Senza questa unanimità, non c'è uguaglianza nel contratto e, di conseguenza, non ci sono leggi legittime.

Grazie al contratto sociale, il popolo è sovrano: il potere legislativo appartiene di diritto a lui e solo a lui. Il popolo affida il potere esecutivo a un principe (un'assemblea, un gruppo di magistrati o un monarca) che è responsabile di fronte a lui, perché è dal popolo che il principe prende il suo potere. Tuttavia, il potere esecutivo tende a usurpare quello del popolo. Spetta al legislatore e ai cittadini stessi non cedere il proprio potere, perché questo porterebbe alla morte simbolica del popolo.

LA COSTANTE PREOCCUPAZIONE PER IL REALE

L'approccio di Rousseau in quest'opera non è solo logico e astratto, poiché non manca mai di ricordare ai lettori l'importanza delle situazioni particolari e la necessità di adattare la legislazione ai diversi popoli: "In una parola, oltre ai principi che sono comuni a tutti, ogni nazione ha in sé qualcosa che dà loro un'applicazione peculiare, e rende la sua legislazione peculiarmente propria" (p. 35).

Inoltre, egli attribuisce un'importanza sostanziale alle consuetudini, che sono le basi su cui poggia la struttura di una costituzione: "A questi tre tipi di legge se ne aggiunge un quarto, il più importante di tutti, che non è inciso su tavole di marmo o di ottone, ma sul cuore dei cittadini [...] parlo della morale, del costume, soprattutto dell'opinione pubblica" (p. 36). Affinché uno Stato sia attento alla volontà generale, i cittadini devono essere educati e deve esserci una censura dei costumi per evitare la corruzione e lo sviluppo di interessi individuali. Se alcune società antiche, come Sparta, suscitarono la sua ammirazione, è in gran parte grazie alla leggendaria moralità dei loro cittadini.

Infine, in questo trattato abbondano gli esempi concreti, sia che appartengano alla storia antica che al periodo contemporaneo. I riferimenti alla storia greca e romana sono particolarmente numerosi nei libri III e IV. Riguardano le autorità giudiziarie, le assemblee e i costumi, in relazione al tema della sovranità del popolo. La Repubblica di Venezia è citata in diverse occasioni, così come le monarchie inglese e polacca. I costumi dei diversi popoli sono esaminati nel Capitolo 8 del Libro III, dove l'autore contrappone, ad esempio, spagnoli e tedeschi. Non trascura la storia e la religione francese, in particolare nel capitolo "La religione civile" (Libro IV, Capitolo 7) e cita la Corsica come Stato la cui costituzione è ancora da scrivere ("C'è ancora in Europa un paese capace di darsi delle leggi: Corsica", p. 33), compito che si assumerà in seguito.

ULTERIORI RIFLESSIONI

ALCUNE DOMANDE SU CUI RIFLETTERE...

- Indicate un *filosofo a* cui Rousseau si oppone spesso in quest'opera. Spiegate il suo punto di vista.

- Cose comprende il concetto di natura a cui Rousseau fa riferimento in quest'opera?

- In che misura questo testo illustra alcuni aspetti della filosofia dell'Illuminismo?

- Secondo questo lavoro, quali sono i principali errori della maggior parte dei governi?

- In cosa consiste il contratto sociale, così come definito da quest'opera?

- Questo testo vi sembra rientrare nella categoria dell'utopia? In quale tipo di paese potrebbero concretizzarsi i principi di Rousseau?

- Commentate questa valutazione de *"Il contratto sociale"* di Emilio Balturi: "L'opera [...] va letta più come una critica anticipata alle democrazie contemporanee che come un manifesto militante per una qualsiasi causa rivoluzionaria".

- Dopo aver letto la *"Dichiarazione dei diritti dell'uomo e del cittadino"* del 1789, spiegate cosa questo testo deve a *"Il contratto sociale"* di Rousseau.

- Dopo aver letto la *"Professione di fede di un vicario savoiardo"* (*Emile, o sull'educazione*, libro IV), confrontate questo testo con i passaggi de *"Il contratto sociale"* che trattano della religione civile.

ULTERIORI LETTURE

EDIZIONE DI RIFERIMENTO

Rousseau, J.-J. (2003) *Il contratto sociale*. Trans. Cole, G. D. H.
New York: Dover Publications, Inc.

Vogliamo sapere da voi!
Lasciate un commento sulla vostra biblioteca online
e condividete i vostri libri preferiti sui social media!

www.50minutes.com

Master ISBN: 9782808690256
ISBN cartaceo: 9782808611657
Deposito legale: D/2023/12603/1445

Copertura: © Primento

Concezione digitale a cura di Primento, il partner digitale degli editori.